THE WEAPONS ENCYCLOPÆDIA
TANK AIRCRAFT AFV SHIP ARTILLERY VEHICLES SECRET WEAPON

TWE-027 ITA

AUTOBLINDO AB40/41/42/43

THE WEAPONS ENCYCLOPAEDIA

EDITORIAL STAFF
Luca Cristini, Paolo Crippa.

REDAZIONE ACCADEMICA
Enrico Acerbi, Massimiliano Afiero, Aldo Antonicelli, Ruggero Calò, Luigi Carretta, Flavio Chistè, Anna Cristini, Carlo Cucut, Salvo Fagone, Enrico Finazzer, Arturo Giusti, Björn Huber, Andrea Lombardi, Aymeric Lopez, Marco Lucchetti, Gabriele Malavoglia, Luigi Manes, Giovanni Maressi, Francesco Mattesini, Daniele Notaro, Péter Mujzer, Federico Peirani, Alberto Peruffo, Maurizio Raggi, Andrea Alberto Tallillo, Antonio Tallillo, Roberto Vela, Massimo Zorza.

PUBLISHED BY
Luca Cristini Editore (Soldiershop), via Orio, 35/4 - 24050 Zanica (BG) ITALY.

DISTRIBUTION BY
Soldiershop - www.soldiershop.com, Amazon, Ingram Spark, Berliner Zinnfigurem (D), LaFeltrinelli, Mondadori, Libera Editorial (Spain), Google book (eBook), Kobo, (eBoook), Apple Book (eBook).

PUBLISHING'S NOTES
None of unpublished images or text of our book may be reproduced in any format without the expressed written permission of Luca Cristini Editore (already Soldiershop.com) when not indicate as marked with license creative commons 3.0 or 4.0. Luca Cristini Editore has made every reasonable effort to locate, contact and acknowledge rights holders and to correctly apply terms and conditions to Content. Every effort has been made to trace the copyright of all the photographs. If there are unintentional omissions, please contact the publisher in writing at: info@soldiershop.com, who will correct all subsequent editions.

LICENSES COMMONS
This book may utilize part of material marked with license creative commons 3.0 or 4.0 (CC BY 4.0), (CC BY-ND 4.0), (CC BY-SA 4.0) or (CC0 1.0). We give appropriate attribution credit and indicate if change were made in the acknowledgments field. Our WTW books series utilize only fonts licensed under the SIL Open Font License or other free use license.

CONTRIBUTORS OF THIS VOLUME & ACKNOWLEDGEMENTS
Ringraziamo i principali collaboratori di questo numero: I profili dei carri sono tutti dell'autore. Le colorazioni delle foto sono di Anna Cristini. Ringraziamenti particolari a istituzioni nazionali e/o private quali: Stato Maggiore dell'esercito, Archivio di Stato, Bundesarchiv, Nara, Library of Congress, Wikipedia, USAF, Signal magazine, Cronache di guerra, Fronte di guerra, IWM, Australian War Museum, ecc. A P.Crippa, A.Lopez, Péter Mujzer, L.Manes, C.Cucut, archivi Tallillo. Model Victoria (www.modelvictoria.it) ecc. per avere messo a disposizione immagini o altro dei loro archivi.

For a complete list of Soldiershop titles, or for every information please contact us on our website: www.soldiershop.com or www.cristinieditore.com. E-mail: info@soldiershop.com. Keep up to date on Facebook https://www.facebook.com/soldiershop.publishing

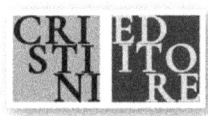

Titolo: **AUTOBLINDO AB40/41/42/43** Code.: **TWE-027 IT**
Collana curata da L. S. Cristini
ISBN code: 9791255891444 Prima edizione luglio 2024
THE WEAPONS ENCYCLOPAEDIA (SOLDIERSHOP) is a trademark of Luca Cristini Editore

THE WEAPONS ENCYCLOPÆDIA
TANK AIRCRAFT AFV SHIP ARTILLERY VEHICLES SECRET WEAPON

AUTOBLINDO AB40/41/42/43

LUCA STEFANO CRISTINI

BOOK SERIES FOR MODELERS & COLLECTORS

INDICE

Autoblindo FIAT-Ansaldo AB .... pag. 5
- Lo sviluppo .... pag. 5
- Caratteristiche tecniche .... pag. 6

Le versioni dei mezzi .... pag. 15
- AB40 .... pag. 15
- Lo sviluppo .... pag. 15
- L'armamento .... pag. 16
- AB42 .... pag. 18
- AB con cannone 47/32 e Ferroviaria .... pag. 18

AB41 e 43 .... pag. 23

Impiego operativo .... pag. 31

Mimetica e segni distintivi .... pag. 49

Produzione ed esportazione .... pag. 55

Scheda tecnica .... pag. 57

Bibliografia .... pag. 58

▲ Bella foto di una Autoblindo AB43 fatta nel parco esposizioni di Novegro da parte dell'autore. Interessante per la mimetica e per molti altri particolari.

AUTOBLINDO FIAT ANSALDO AB

Nel periodo tra il primo e il secondo conflitto mondiale, nonostante gli eccellenti risultati ottenuti du-rante, principalmente durante la riconquista della Libia prima e nella guerra etiope del 1935 poi, con autoblinde residue della Grande Guerra, lo sviluppo di tali veicoli nel nostro Paese fu accan-tonato in favore dei carri armati leggeri. Tuttavia, questa impostazione iniziò a essere rivista per due principali motivi:
- Le esigenze di pattugliamento a lungo raggio della Polizia dell'Africa Italiana, emerse con l'enor-me espansione coloniale;
- La necessità di veicoli adeguati alle nuove grandi unità corazzate, per equipaggiare i reparti esploranti.
Alla luce delle specifiche richieste sia dall'Arma di Cavalleria sia dalla P.A.I., nel 1937 il Ministero della Guerra decise di avviare una richiesta per un unico modello di "autoblindomitragliatrice" con elevate prestazioni in termini di protezione, mobilità su ogni terreno e autonomia. La nota precisava anche che il prototipo doveva essere disponibile entro il 1939.
Fra i primi ad attivarsi alla richiesta vi fu la SPA Ansaldo Fossati che progettò un veicolo con le seguenti caratteristiche:
- trazione sulle quattro ruote;
- motore posteriore;
- armamento principale costituito da due mitragliatrici da 8mm in una torretta girevole;
- armamento secondario con una mitragliatrice da 8mm nella parte posteriore del vano di combattimento;
- possibilità di guida sia avanti che all'indietro come già accadeva per la Lancia 1Z.
I due prototipi, uno per l'Esercito e uno per la P.A.I., furono presentati ufficialmente nella primave-ra del 1939. La nuova autoblindo fu omologata nel marzo del 1940 come "Autoblindo 40" e ne fu ordinato un primo lotto di 176 esemplari. I primi cinque veicoli furono però consegnati solo nel marzo del 1941 al Centro di Addestramento Autoblindo della Scuola di Cavalleria di Pinerolo.
Nel mentre, a commessa ricevuta, fu deciso di sostituire l'armamento principale, costituito da due mitra-gliatrici Breda Mod. 38 da 8mm, con un pezzo da 20mm M35 della Breda, decisamente meglio perfor-mante e capace di sparare munizioni perforanti e ad alto esplosivo. A questo fu ab-binata una sola mitra-gliatrice Breda Mod. 38, mentre l'armamento secondario rimase invariato. Dopo queste prime migliorie apportate nel 1941, il veicolo fu rinominato AB 41, versione che poi fu anche la più nota e diffusa.
Le uniche autoblindo sicuramente consegnate con la torretta iniziale armata con mitragliatrici Breda da 8mm furono verosimilmente i primi cinque esemplari destinati alla Scuola di Cavalleria di Pinerolo e, successivamente, il primo lotto di autoblindo ferroviarie.
Come già anticipato l'AB 41, a differenza della maggior parte dei veicoli sviluppati durante il conflit-to, fu uno dei mezzi militari italiani meglio riusciti e moderni. Blindo molto riuscito, dotato di solu-zioni innovative come la doppia guida e l'uso delle due ruote di scorta esterne come "ruote folli", utili nel supe-ramento degli ostacoli. Anche l'autonomia era notevole, più del doppio rispetto agli altri veicoli corazzati italiani, e il sistema di sospensioni era all'avanguardia. Le uniche pecche, se-condo alcuni reduci, erano rappresentate dalla solita debole corazzatura a piastre imbullonate che, sommata ai materiali scadenti spesso usati, tendeva a fratturarsi o fessurarsi in seguito a urti violenti, e da alcuni problemi minori ripor-tati dai suoi equipaggi all'impianto sterzante, mai del tutto risolti.
In totale, furono costruite oltre 700 unità delle versioni AB 40, AB 41 e AB 43 (la AB 42 fu fatta solo in versione prototipo), comprese le oltre 100 prodotte durante l'occupazione tedesca, alcune delle quali rima-sero in servizio anche dopo la fine del conflitto fino ai primi anni '50.

■ SVILUPPO

Lo sviluppo dell'autoblindo Fiat Ansaldo ebbe inizio nel 1938. In quell'anno, ma anche prima, si era manifestata la chiara necessità di un nuovo mezzo da impiegare nelle colonie da parte della PAI (Polizia dell'Africa Italiana). Richiesta che andava a sommarsi da una eguale portata avanti dal Regio Esercito di un mezzo per la Cavalleria che sostituisse le vecchie Lancia IZ. Per il primo prototipo venne utilizzando il telaio con sospensioni indipendenti e quattro ruote motrici sterzanti che era già stato messo a punto per il trattore d'artiglieria Fiat-SPA TM40. Lo scafo era costituito da piastre balistiche imbullonate sul telaio. In vista del suo impiego come mezzo da ricognizione l'autoblindo venne dotata di doppi comandi, che permettesse al mezzo di muoversi indifferentemente avanti o indietro. Con una postazione di guida anteriore ed una posteriore; ciò permetteva di invertire rapidamente il senso di marcia. Un'altra caratteristica peculiare del mezzo e che ne distingueva la linea erano le due ruote di scorta alloggiate a mezza fiancata; tali ruote, poste in folle, nella guida fuoristrada fungevano da ausilio per il superamento di ostacoli.

CARATTERISTICHE TECNICHE

Motore e sospensioni

Il motore nella versione AB40 armato con torretta Modello 1941 era un FIAT SPA ABM 1 6 cilindri in linea raffreddato ad acqua da 78 hp, mentre nell'AB41 standard era un FIAT-SPA ABM 2 6 cilindri in linea da 88 hp. motore a benzina raffreddato da un circuito ad acqua azionato da una pompa centrifuga. Il serbatoio dell'acqua di raffreddamento del motore era posizionato sotto il portello del conducente posteriore, a sinistra del serbatoio della riserva di carburante. In entrambi gli AB il motore era accoppiato ad un carburatore Zenith tipo 42 TTVP alloggiato nella parte posteriore del vano motore. Entrambi i motori erano prodotti dalla SPA per conto della FIAT. Questo motore specialmente il secondo permise al mezzo di raggiungere la buona velocità di 76km orari su strada.

Corazzatura del mezzo

L'armatura dell'intero scafo e della sovrastruttura della prima autoblindo, che prenderà il nome di AB40 era costituita da piastre imbullonate. Questa disposizione non offriva la stessa efficienza di una piastra saldata meccanicamente ma facilitava la sostituzione di un elemento di armatura nel caso dovesse essere riparato. Lo scafo aveva uno spessore un po' leggero di soli 9 mm, posto sulla carrozzeria anteriore, fiancate e posteriore mentre la torretta, maggiormente rinforzata, raggiungeva uno spessore massimo di 40 mm sulla piastra anteriore e di 30 mm sulle fiancate e sul retro. Anche i parafanghi delle ruote erano blindati per impedire al fuoco nemico di perforare i pneumatici.

In generale, per i compiti che l'autoblindo doveva svolgere, la corazzatura era più che adeguata, proteggendo l'equipaggio dalle armi leggere della fanteria nemica.

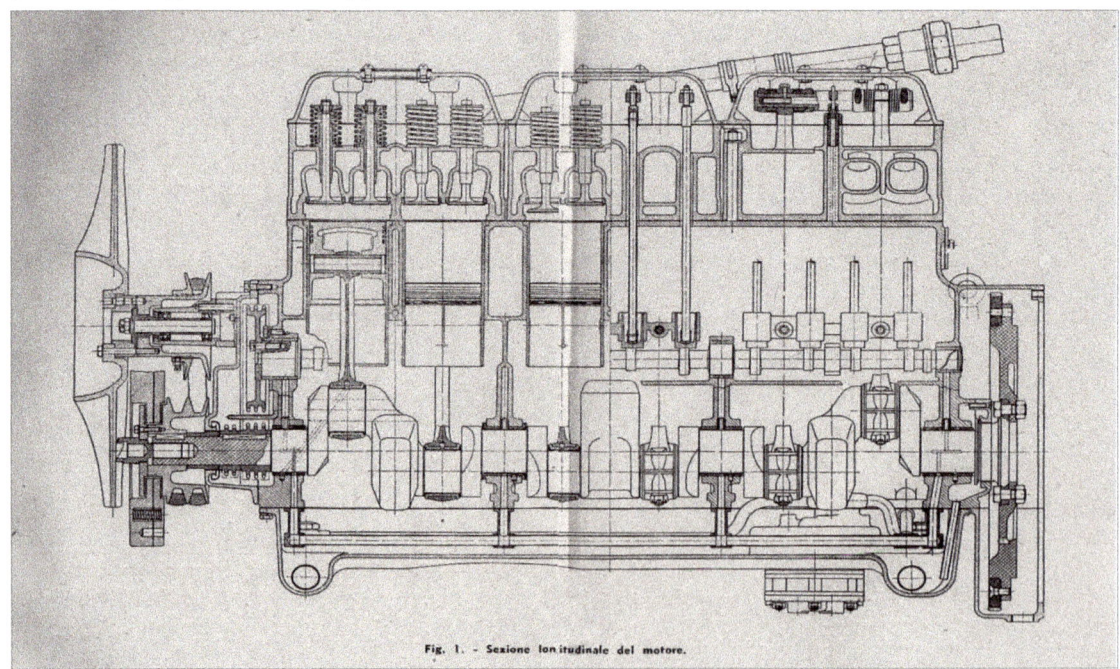

▲ Sezione longitutinale del motore, dal manuale d'uso originale. Collezione autore.

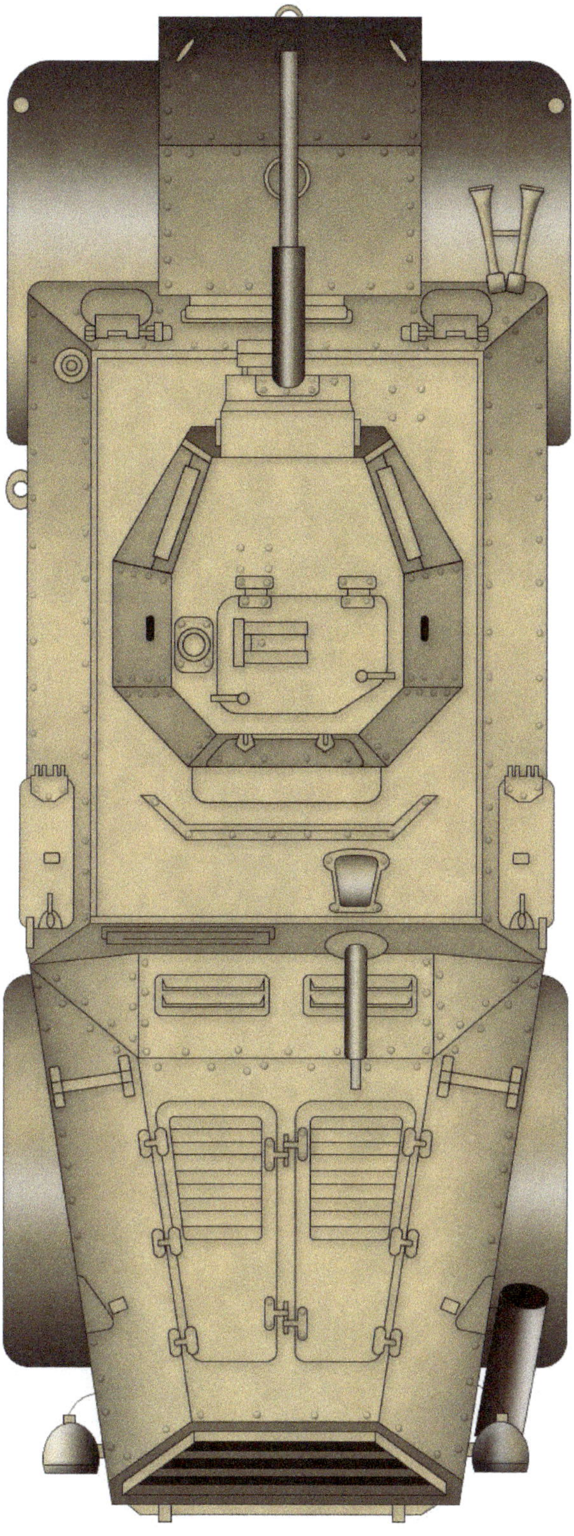

▲ Profilo Autoblindo AB41 dall'alto.

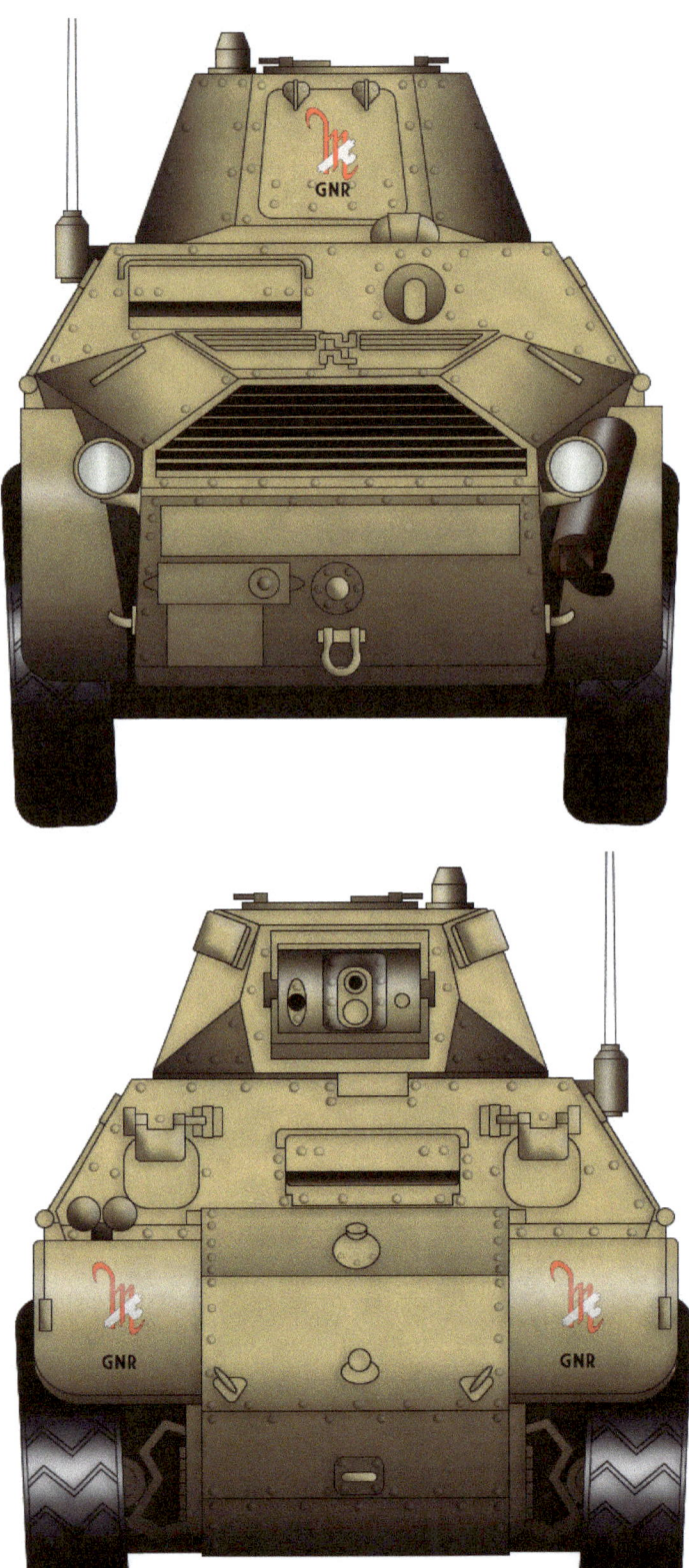

▲ Profilo Autoblindo AB41 vista fronte e retro.

AUTOBLINDO AB40 A.O.I. 1940

▲ AB40 in forze alle unità di polizia coloniale in Africa. La colorazione mimetica al tempo era simile a quella dei carri M11/39 e a quella dei carri leggeri L3 presentati dalla FIAT in quegli anni.

AUTOBLINDO AB40 IN LIBIA, DICEMBRE 1940

▲ Autoblindo AB40 in Africa settentrionale. Una delle primissime unità coloniali equipaggiate con questo mezzo. Fu presto sostituito dalla più performante AB41 e tutte le vecchie macchine vennero subito riconvertite al nuovo modello.

Lo scafo dell'autoblindo aveva una struttura interna su cui erano imbullonate le piastre. Nella parte posteriore della sovrastruttura erano presenti le due porte di accesso blindate, divise in due parti apribili separatamente. La parte superiore aveva una fessura in modo che l'equipaggio potesse utilizzare le proprie armi personali per la difesa ravvicinata. A sinistra c'era l'antenna, che poggiava su un supporto nella parte posteriore della sovrastruttura. Infatti, per aprire la parte superiore della portiera sinistra, era necessario alzare di qualche grado l'antenna.

A destra il clacson era posizionato anteriormente, sul lato destro era posizionato un piccone e il tubo di scarico era posizionato sull'alettone posteriore. Le due ruote di scorta erano collocate in due carenature ai lati della sovrastruttura. Nella versione "Ferroviaria", il supporto nella carenatura permetteva di fissare due ruote per lato. Sopra il vano motore c'erano due prese d'aria e due portelli per la manutenzione del motore. Sul retro si trovavano la griglia di raffreddamento e le due luci posteriori.

Impianto radio

Non sappiamo che modelli di radio venissero montate sulle AB prima del 1941. sappiamo che poi a partire dal marzo dello stesso anno fu installata sulle autoblindo una Stazione Ricetrasmittente modello RF 3M, prodotta dalla Magneti Marelli. Questa apparecchiatura era posizionata sulla parete sinistra della sovrastruttura, al centro del vano equipaggio. L'RF 3M era costituito da un trasmettitore posizionato su un ripiano sopra il ricevitore a sua volta posto su un altro ripiano sulla carenatura della ruota di scorta. Sotto di essi, a terra, erano appoggiati gli alimentatori e l'accumulatore, mentre le batterie erano celate nel doppio fondo del pavimento.

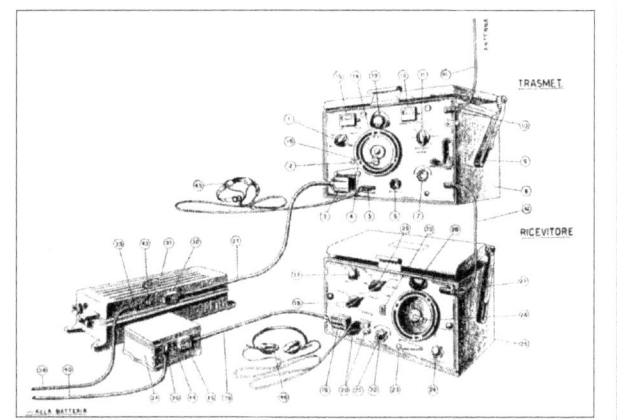

▶ Schema dell'impianto Radio delle AB, dal manuale d'uso originale. Collezione autore.

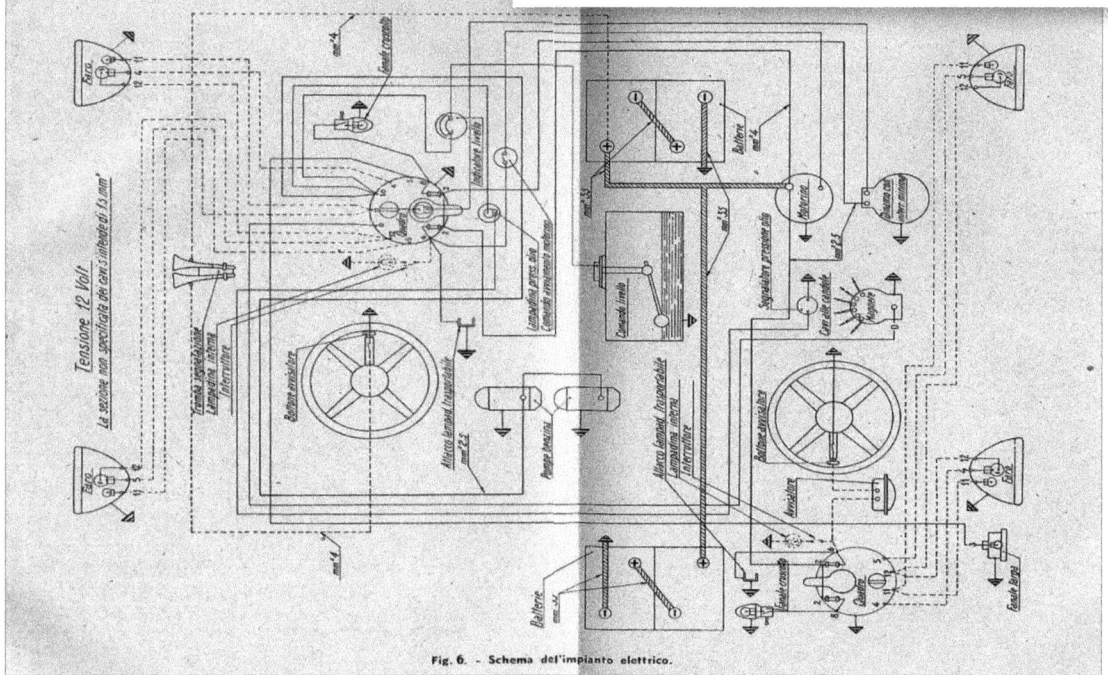

▲ Schema dell'impianto elettrico delle autoblindo AB. Dal manuale d'uso originale. Collezione autore.

AUTOBLINDO AB41, AFRICA SETTENTRIONALE 1940

▲ Autoblindo AB41 in Libia. Appartenente al II Gruppo Squadrone Corazzato "Novara". Il Gruppo venne fornito di tale mezzo in sostituzione degli L6/40 perduti in battaglia. Come già per i carri leggeri, anche le AB portavano lo stemma stilizzato del 1920 sul davanti del mezzo.

C'erano due paia di cuffie e microfoni per l'interfono, uno utilizzato dal pilota anteriore e il secondo dal mitragliere posteriore. L'antenna montata esterna poteva venire ripiegata a 90°. Una volta alzata raggiungeva i 3 metri di altezza e arrivare fino a sette se estratta completamente. Questa apertura massima le forniva una distanza utile di 60 km e di 25/35 km se posta a 3 m di altezza. Alcune autoblindo ricevettero una radio RF 2CA, anch'essa prodotta dalla Magneti Marelli, con l'antenna montata sul retro del compartimento di combattimento, ma, a parte il supporto dell'antenna, non c'erano differenze esterne tra l'AB41 normale e la versione di comando. L'RF 2CA veniva utilizzato per le comunicazioni tra i comandanti di squadroni di carri armati; quindi, è logico supporre che gli AB41 equipaggiati con questo tipo di radio fossero utilizzati dai comandanti di squadrone/compagnia.

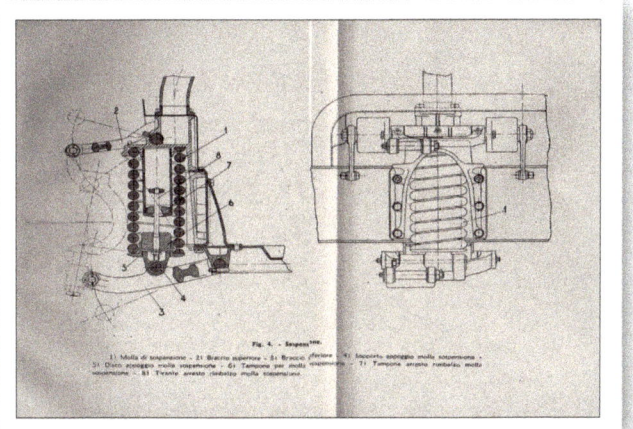

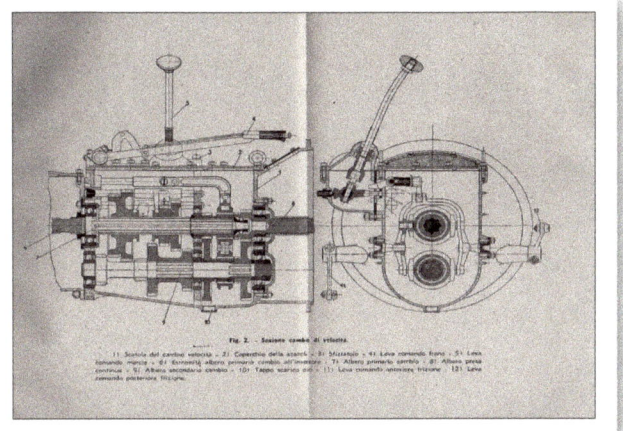

▶ Sopra, immagine piccola: il sistema di sospensioni alle ruote delle autoblindo AB.

Sotto: schema dell'impianto del cambio motore delle AB. Dal manuale d'uso originale. Collezione autore.

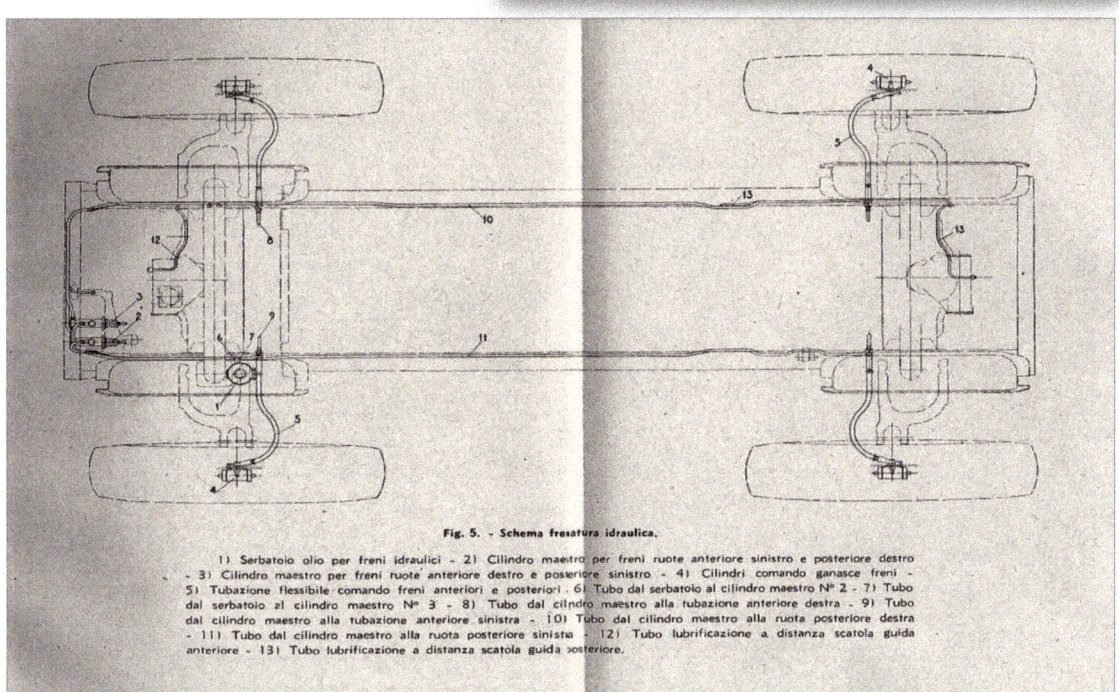

▲ Schema dell'impianto di frenatura delle autoblindo AB. Dal manuale d'uso originale. Collezione autore.

▲ Una AB40 utilizzata alla scuola addestramento di cavalleria di Pinerolo.

▼ Una AB40 con pneumatici Pirelli "Artiglio" del primo tipo. La mitragliatrice Breda 38 montata sul retro del veicolo è stata smontata e messa nel supporto della mitragliatrice antiaerea. Sulla porta sono visibili le fessure e accanto si vede il distintivo del reggimento.

LE VERSIONI DEI MEZZI

AB40

La prima Autoblindo della classe AB Ansaldo fu la AB40, di cui ne vennero prodotte un totale di 24 con la prima torretta modello 40. Altre 435 approntate come 40 vennero invece convertite in AB41.
Il prototipo venne realizzato da FIAT e Ansaldo che collaborarono insieme al progetto
Venne quindi realizzato un primo modello in legno che fu poi presentato agli ufficiali di Statio Maggiore dell'Esercito durante la visita allo stabilimento Ansaldo di Genova l'11 aprile 1938. Il modello era sin dal prototipo molto simile al veicolo finale, con quattro ruote motrici, 4 ruote sterzanti con sospensioni indipendenti, motore a benzina, armamento composto da tre mitragliatrici da 8 mm e 4 membri dell'equipaggio.

LO SVILUPPO

Al primo modello in legno, nel maggio del 1939 fecero presto seguito due prototipi dell'autoblindo, che agli esordi veniva chiamata AutoBlindoMitragliatrice (ABM) (Ing: Machine gun Armored Car).
Rispetto alla versione definitiva che avverrà nei mesi e anni successivi vi erano alcune differenze. Ad iniziare dai fari che ancora non erano nelle carenature interne alla sovrastruttura e gli sportelli di manutenzione sul cofano motore erano privi di prese d'aria. La versione della PAI aveva anche un grande foro piazzato sopra la torretta, e aveva un'antenna radio verticale fissata sulla parte anteriore destra della sovrastruttura, oltre a una sirena posta sulla parte posteriore dello scafo e una piastra corazzata che copriva le ruote di scorta. Dopo lo Stato maggiore il mezzo venne visto dal Duce in persona. Mussolini rimase favorevolmente colpito dal nuovo veicolo, soprattutto dalla sua linea elegante.
Rispetto al primo prototipo quello definitivo aveva le prese d'aria sul ponte motore e tutti i fari erano dotati di corazza. Alla luce di tanto entusiasmo si procedette a testare operativamente il mezzo.
Il veicolo da testare venne inviato in Africa Orientale Italiana. Sbarcò a Massaua in Eritrea il 3 giugno 1939. Da lì partì per un giro di prova di oltre 13.000 km, facendo ritorno a Massaua il 12 settembre. Nonostante le difficili condizioni meteorologiche, l'autoblindo portò a termine il testo che fu considerato un successo. L'osservazione durante il test suggerì le seguenti migliorie: aggiunta di un supporto per mitragliatrice antiaerea sulla torretta, sostituzione dell'enorme faro fisso sulla torretta con uno più piccolo e manovrabile dal comandante, installazione di un sistema che permetteva il ripiegamento dell'antenna radio sul lato destro della sovrastruttura e rimozione della protezione della ruota di scorta (prevista solo per la versione della PAI). Seguirono altri test sempre in Africa ma stavolta in Libia. Ciò che si palesò come un difetto in questa occasione fu l'armamento, composto da tre mitragliatrici medie, che non si dimostrarono adatte al sup-

▲ AB40 in servizio con la PAI Polizia Africa Orientale. Notare il grosso faro posto sulla torretta e l'antenna posta sul davanti.

porto della fanteria, tuttavia urgenze ed esigenze militari costrinsero comunque la produzione ad avviarsi, mentre i tecnici FIAT e Ansaldo svilupparono una nuova versione che diverrà la più famosa AB41! Intanto dopo avere ricevuto tutte queste prime modifiche (armamento a parte), il 18 marzo 1940 nacque ufficialmente la AutoBlindo Mod. 1940 o AB40 (Autoblindata Mod. 1940).

La versione definitiva dell'AB40, targato RE 116B. Si distingue dai veicoli precedenti per l'assenza del grosso faro sulla torretta, l'eliminazione delle due prese d'aria posteriori sulla torretta, l'adozione di nuovi cerchi ruota e l'aggiunta di un faro Notek sulla parte anteriore della sovrastruttura. I parafanghi anteriori furono accorciati mentre sul parafango anteriore destro fu aggiunto un secondo clacson.

Fu quindi dato il via alla produzione, che iniziò nel gennaio 1941 con le prime cinque consegne (immatricolate da 117B a 121B) nel marzo dello stesso anno. Nel luglio 1941 vennero consegnate altre 17 autoblinde mentre altri 80 telai aspettavano di essere dotati di torrette. In merito ai dati tecnici rimandiamo alle prima pagine e alla scheda informativa finale.

■ L'ARMAMENTO

Ci soffermiamo sull'armamento della AB40 perché è sostanzialmente la questione che maggiormente la differenzia dal modello che seguirà, la AB41. L'armamento era composto da tre mitragliatrici Breda mod. 38 calibro 8 mm. Queste avevano una dotazione di 24 caricatori rotondi ricurvi. Questa mitragliatrice derivava direttamente dalla famosa Breda Mod. 37 per fanteria. Due mitragliatrici erano binate sul davanti della torretta. La loro elevazione massima era di +18° mentre l'abbassamento era di -9°. La terza mitragliatrice era posizionata sul lato destro del veicolo, e guardava all'indietro, ed era posizionata su un supporto a sfera che offriva una maggiore spazialità di orizzonte. La mitragliatrice posteriore poteva anche essere smontata e montata su un supporto antiaereo posto sul tetto della torretta, lo stesso già utilizzato sui carri armati della serie "M".

▲ Una AB 40 con mitragliatrice binata alla torretta nei magazzini di produzione dell'Ansaldo, 1939.

AUTOBLINDO AB41, AFRICA SETTENTRIONALE 1942

▲ Autoblindo Fiat Ansaldo AB41 in Libia. Appartenente al III Gruppo Corazzato "Nizza", 1° squadrone, 4° plotone, primavera del 1942 Libia.

■ AB42

Nel 1941, il Regio Esercito si rese conto che le prestazioni del suo pur affidabile e moderno autoblindo AB41 non erano in grado di soddisfare le esigenze operative della Campagna d'Africa. Si pensò quindi ad un progetto che potesse venire incontro alle carenze dimostrate sul teatro operativo. Si pensò quindi di modificare l'AB41 per adattarlo meglio all'utilizzo nel Nord Africa. Nacque così l'AB42, mezzo più leggero e veloce, di cui però alla fine fu prodotto un unico prototipo nel 1942. La sua fine precoce fu dovuta soprattutto a causa della mutata situazione bellica esplicitata alla fine del 1942, quando la campagna del Nord Africa si rivolse tutta a svantaggio delle forze dell'Asse e non era più necessario un veicolo da ricognizione a lungo raggio con le caratteristiche dell'AB42.

Fortunatamente alcuni dei sistemi sviluppati per l'AB42 furono riutilizzati sull'AB43, la blindo successiva che mantenne il telaio e la sovrastruttura dell'AB41 ma ebbe il nuovo e più potente motore e la torretta dell'Autoblindo Alleggerito Mod. 1942.

Fu studiata anche una Autoblindo 42 comando: senza torretta, mitragliatrice in ritirata e doppia guida adibita a posto comando (fu ordinata in 50 esemplari ma sembra mai consegnata).

■ AB CON CANNONE 47/32

Autoblindo con cannone da 47/32: ipotizzata per poter affrontare le unità esploranti nemiche più pesantemente armate montava il pezzo da 47/32 e non disponeva di armamento secondario. Non fu mai adottata e rimase allo stadio di prototipo (vedi profilo a pag. 26).

■ AB FERROVIARIA

Per l'impiego su rotaia da parte del genio ferroviario. In questo modello con i pneumatici stradali sostituiti con quelli utilizzati per le ferrovie (vedi profilo a pag. 28).

Per il modello ferroviario vennero utilizzate AB 40 e 41 per un numero totale di circa 20 unità. Questi mezzi furono approntati nel 1942 per pattuliare le ferrovie jugoslave. Questa versione speciale era chiamata "Ferroviaria". Nel dopoguerra un altro gruppo di veicoli AB41 e AB43 venne modificato allo stesso scopo ma per essere utilizzato per il pattugliamento delle ferrovie italiane.

▲ Una AB 40 ferroviaria AB40 con ruote in acciaio su rotaia. Si tratta di una versione prototipo della AB Ferroviaria della fabbrica FIAT. Le ruote di scorta, oltre ai perni di fissaggio, erano sostenute da un cavo d'acciaio che veniva agganciato alla sovrastruttura quando non utilizzato.

AUTOBLINDO AB42, AFRICA SETTENTRIONALE 1942

▲ Autoblindo AB42. Sviluppato solo in termini di prototipo, servì sostanzialmente per affinare il futuro AB43.

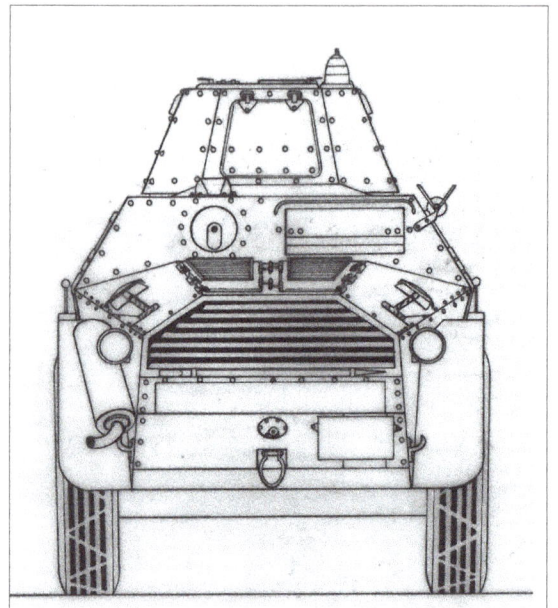
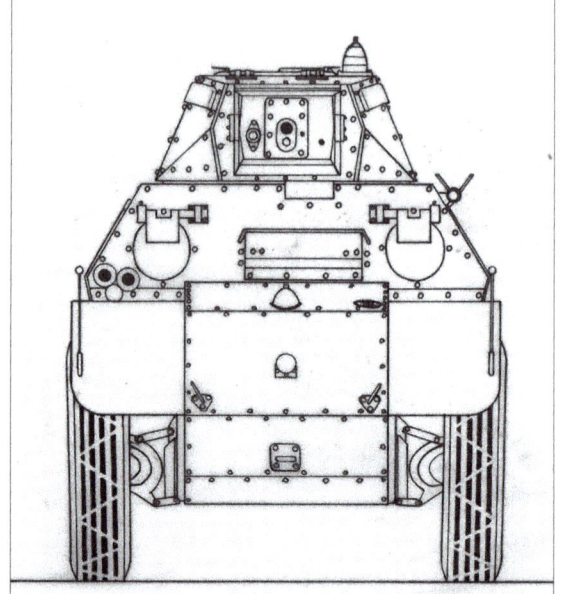
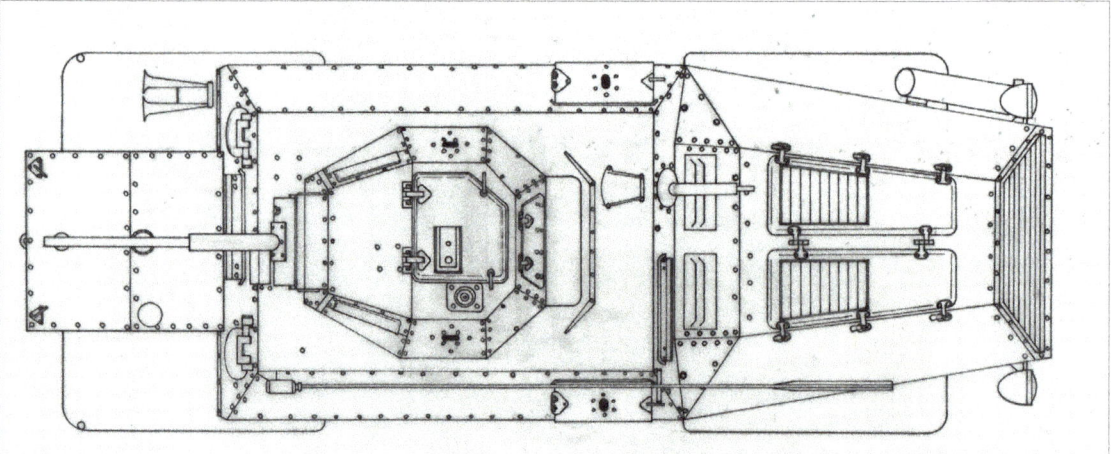

▲▼ Profili autoblindo AB 41 disegnati da Roberto Vela (per gentile concessione).

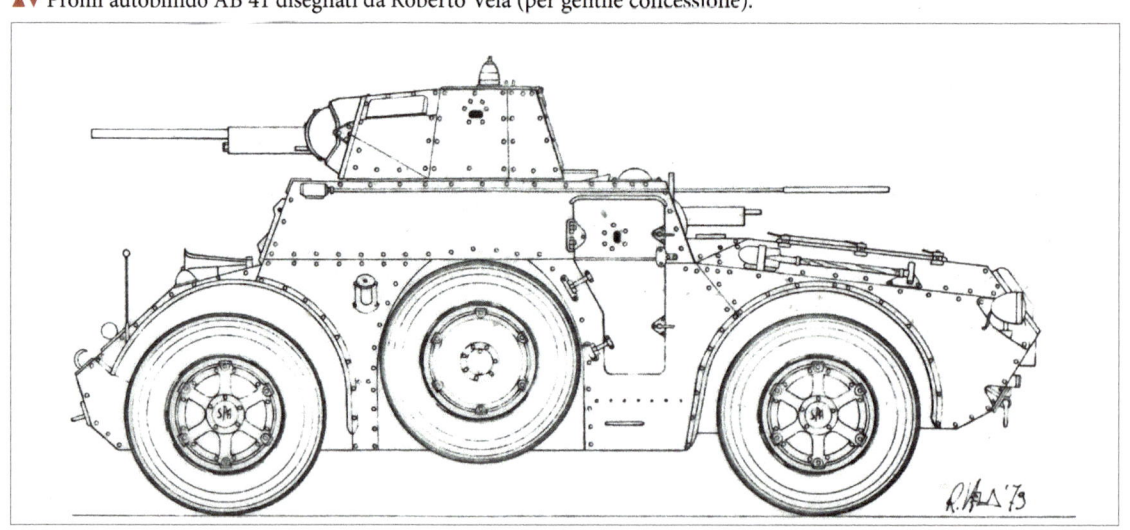

AUTOBLINDO AB41, LIBIA 1941

▲ Autoblindo AB41 in Libia. Armata con cannoncino Breda da 20mm. Questo mezzo apparteneva al Centro Istruzione carristi in Africa del Nord.

AUTOBLINDO AB41, AFRICA SETTENTRIONALE 1942

▲ Autoblindo AB41 in Africa. Si tratta della famosa autoblindo "contesa" tra il CXXXII NEC e il reparto alleato nemico dei "Carpathaina lancers" che catturarono il mezzo durante le operazioni nel deserto.

AB41 E AB43

AB41

L'Alto Comando italiano constatò assai presto che le due mitragliatrici in torretta montate sulla AB40 non potevano fornire un adeguato fuoco di supporto alla fanteria e che, soprattutto, non consentivano agli AB40 di ingaggiare nemmeno mezzi nemici simili. La Ansaldo propose quindi di installare sul telaio dell'AB40 una nuova torretta; si pensò subito a quella già sviluppata per il carro leggero L6/40, armata con un cannone automatico da 20 mm. Nacque così la autoblindo AB41 destinata ad essere la più prodotta della serie. Le modifiche aumentarono il peso totale del mezzo, che passò da 6,8 a 7,45 tonnellate. Questo fatto comportò a catena la necessità di dotarsi di un motore a benzina più potente, il FIAT SPA ABM 2 6 cilindri da 88 cavalli. Dopo alcuni test, il nuovo mezzo venne giudicato favorevolmente dall'esercito, che ne autorizzò la produzione. Dopo poco tempo arrivarono alle catene di montaggio le nuove torrette Modello 1941, già in produzione per l'L6/40. Tuttavia, i nuovi motori non furono altrettanto disponibili nel breve, così si decise di modificare le autoblindo AB40 montando la torretta Modello 41 col vecchio motore. Queste autoblinde "ibride" erano indistinguibili dall'AB41 dall'esterno.

La nuova torretta

La torretta monoposto dell'L6/40 era di forma ottagonale e dotata di due portelli: uno situato sul tetto per il comandante/mitragliere del veicolo, e un secondo sul retro, utile per facilitare la rimozione dell'armamento principale durante le operazioni di manutenzione. Ai lati della torretta erano presenti due feritoie e due prese d'aria, poiché il veicolo non disponeva né di ventole né di estrattori di fumo. Sul tetto, accanto al portello, vi era un periscopio che permetteva al comandante una visione parziale del campo di battaglia, limitata dalla impossibilità di ruotarlo di 360° a causa dello spazio ristretto. Col tempo, si riscontrarono problemi di bilanciamento nella torretta, risolti aggiungendo un contrappeso sul retro, sotto il portello posteriore.

▲ Una AB41 operativa nel deserto libico a Bir el Gobi. Notare la grande bandiera italiana dipinta sulla fiancata, verrà sostituita presto con un cerchio bianco sul tetto della torretta per riconoscimento aereo nemico.

Il cannone da 20/65 Breda

Ovviamente la principale novità della AB41 rispetto al modello precedente consisteva nella sostituzione delle due mitragliatrici binate in torretta. L'armamento principale consisteva nel buon cannone da 20/65 Breda Mod. 1935 già in uso sugli L/65, con una cadenza di fuoco di 220 colpi al minuto e un mirino prodotto dall'Ottica San Giorgio. L'elevazione del cannone era di +18° mentre la depressione era di -9°. Questo cannone poteva sparare proiettili perforanti (AP) e ad alto esplosivo (HE) di produzione italiana, calibro 20 x 138 mm, oltre a quelli utilizzati dal cannone tedesco FlaK 38 e dal cannone anticarro Soletta S18-1000, migliorando così notevolmente le sue capacità anticarro. Con i proiettili perforanti italiani, il Mod. 1935 era in grado di penetrare una corazza di 38 mm inclinata a 90° a una distanza di 100 metri, e una corazza di 30 mm a 500 metri. Utilizzando i proiettili perforanti tedeschi Pz.Gr. 40, poteva penetrare una corazza di 50 mm inclinata a 90° a 100 metri e una corazza di 40 mm a 500 metri.

L'armamento secondario invece era costituito da due mitragliatrici Breda Modello 1938 calibro 8 mm, la prima coassiale al cannone, a sinistra, e la seconda, come già nel modello AB40, in supporto sferico sulla parte posteriore del veicolo. Queste mitragliatrici erano la versione da veicolo della mitragliatrice media Breda Modello 1937 e avevano un caricatore a scatola curva montato in alto con 24 colpi.

La mitragliatrice nella parte posteriore poteva essere smontata e utilizzata in posizione antiaerea.

▲ Carristi italiani con la loro AB41 impegnati nel deserto africano, si può vedere assai bene la forma della antenna radio.

AUTOBLINDO AB41, AFRICA SETTENTRIONALE 1943

▲ Autoblindo AB41 in Libia. Nella colorazione mimetica di fabbrica di tipo continentale.

AUTOBLINDO AB41, AFRICA SETTENTRIONALE 1943

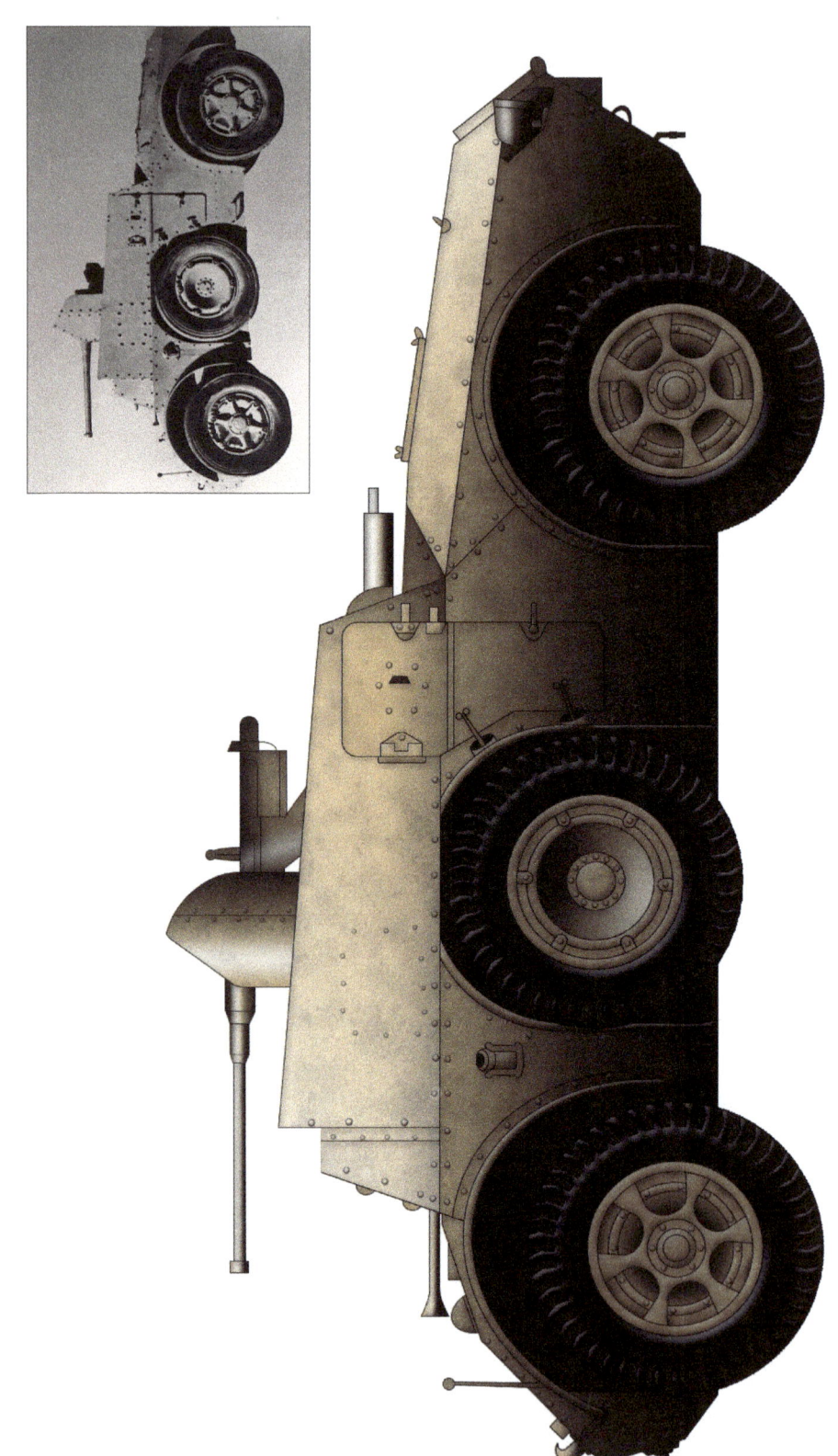

▲ Autoblindo AB41 in Libia. Versione semovente artiglieria con pezzo da 47mm a cielo aperto.

AB43

L'annullamento del progetto AB42 a causa delle sconfitte dell'Asse nella campagna del Nord Africa alla fine del 1942 portò allo studio di un nuovo veicolo, l'AB43, sullo stesso telaio dell'AB41 ma con una nuova torretta e un nuovo e più potente motore. Il nuovo mezzo ricevette anche un nuovo armamento e fu equipaggiata con uno speciale cannone semiautomatico da 47 mm in una torretta ampliata e meglio protetta. L'AB43 fu subito collaudato ma il Regio Esercito Italiano non fece in tempo ad avviarne la produzione a causa dell'Armistizio di Cassibile firmato l'8 settembre 1943.

L'AB43 rappresenta l'ultima evoluzione dei veicoli autoblindati della serie AB40/41. Nel 1944, quando l'Italia centro settentrionale fu interamente occupata dall'esercito tedesco che controllava le attività industriali del nord Italia, questo ne impose la nuova produzione per il proprio esercito assegnando la denominazione di '**PzSpWg AB43 203(i)**' destinando questo ultimo modello alle attività di lotta contro i partigiani italiani e balcanici. Sotto la direzione tedesca il mezzo venne prodotto complessivamente in poco più di 100 esemplari fino al 1945.

La carrozzeria dell'AB43 non subirà grandi modifiche rispetto a quella dell'AB40/41, costituita da piastre corazzate rivettate al telaio. La principale novità consistette invece nella già citata nuova torretta (derivata dal carro armato M13/40) armato con un cannone Breda 47/32 Mod. 1935 47 mm, con 63 colpi in dotazione. Nella AB43 troviamo nuovamente le stesse mitragliatrici Breda Mod.38 da 8 mm da 756 colpi ciascuna. Il motore mantiene il vecchio motore a benzina Fiat S.P.A ma con una potenza di 108 cv invece degli 88 cv dell'AB41.

La nuova torretta

Sulla nuova autoblindo AB43 fu montata la torretta del 1942 già sviluppata per l'autoblindata AB42.
La torretta monoposto aveva una forma ottagonale con due portelli: uno per il comandante/mitragliere del veicolo sul tetto, diviso in due porte separate, e il secondo sul retro della torretta, utilizzato per facilitare

▲ Colonna di AB41 in movimento in un villaggio tunisino. In piccolo: catena di montaggio AB41.

AUTOBLINDO AB40 FERROVIARIA, BALCANI 1942

▲ Autoblindo AB41 in versione ferroviaria con colorazione continentale. fronte balcano 1942.

lo smontaggio dell'armamento principale durante le operazioni di manutenzione. Ai lati la torretta aveva due feritoie e sul tetto era sistemato il supporto della mitragliatrice antiaerea, e un periscopio per il comandante accanto al portello, che gli permetteva una visuale completa del campo di battaglia. A causa delle dimensioni della torretta, alta solo 35 cm, sul tetto della torretta fu imbullonata una protuberanza che conteneva il caricatore a scatola curva montato in alto della mitragliatrice coassiale Breda Mod 38, consentendo al cannone di raggiungere una depressione di ancora più larga.

■ AB43 "CANNONE" CON PEZZO DA 47MM

L'AB43 "Cannone" fu una versione prototipo della serie di autoblindo AB armata con una variante anticarro del cannone di supporto standard da 47 mm della fanteria italiana. Doveva migliorare le caratteristiche anticarro e di supporto della serie di auto blindate "AB".

L'unico prototipo fu sviluppato e prodotto da Ansaldo e FIAT per il Regio Esercito. Il prototipo dell'AB43 "Cannone" poté prendere parte ad alcune prove solo prima dell'8 settembre 1943, data in cui venne firmato l'Armistizio di Cassibile, mettendo di fatto l'Italia fuori dalla guerra. Il prototipo che venne presentato all'Alto Comando del Regio Esercito soddisfece gli ufficiali coinvolti. Furono ordinati ben 380 veicoli dell'AB43 'Cannone' ma come detto poi si fece solo il prototipo.

Nelle settimane successive all'armistizio, le truppe tedesche catturarono il prototipo, denominandolo "Panzerspähwagen FIAT/SPA Typ AB43(I) mit 4,7 cm kanone im Drehturm" ma a differenza della versione standard della AB43, questo nuovo mezzo fu considerato di scarsa utilità dai tedeschi, il veicolo venne quindi depositato e dimenticato ad arrugginire nei magazzini della fabbrica Ansaldo.

La caratteristica principale di questo nuovo mezzo era come sempre l'armamento, costituito da un cannone da 47/40 Mod. 1938. Questo era dello stesso tipo montato anche sul carro medio italiano M15/42. Si trattava di un cannone significativamente più potente del 47/32 Mod. del normale AB43, a sua volta già usato sui carri armati medi Semovente L40 da 47/32 e sui M13/40 e M14/41.

▲ Gli AB41 dell'VIII Battaglione Bersaglieri Blindato Autonomo con i comandanti che discutono della missione e sono pronti ad entrare in azione. Deserto Nordafricano 1942.

AUTOBLINDO AB41, ALBANIA 1943

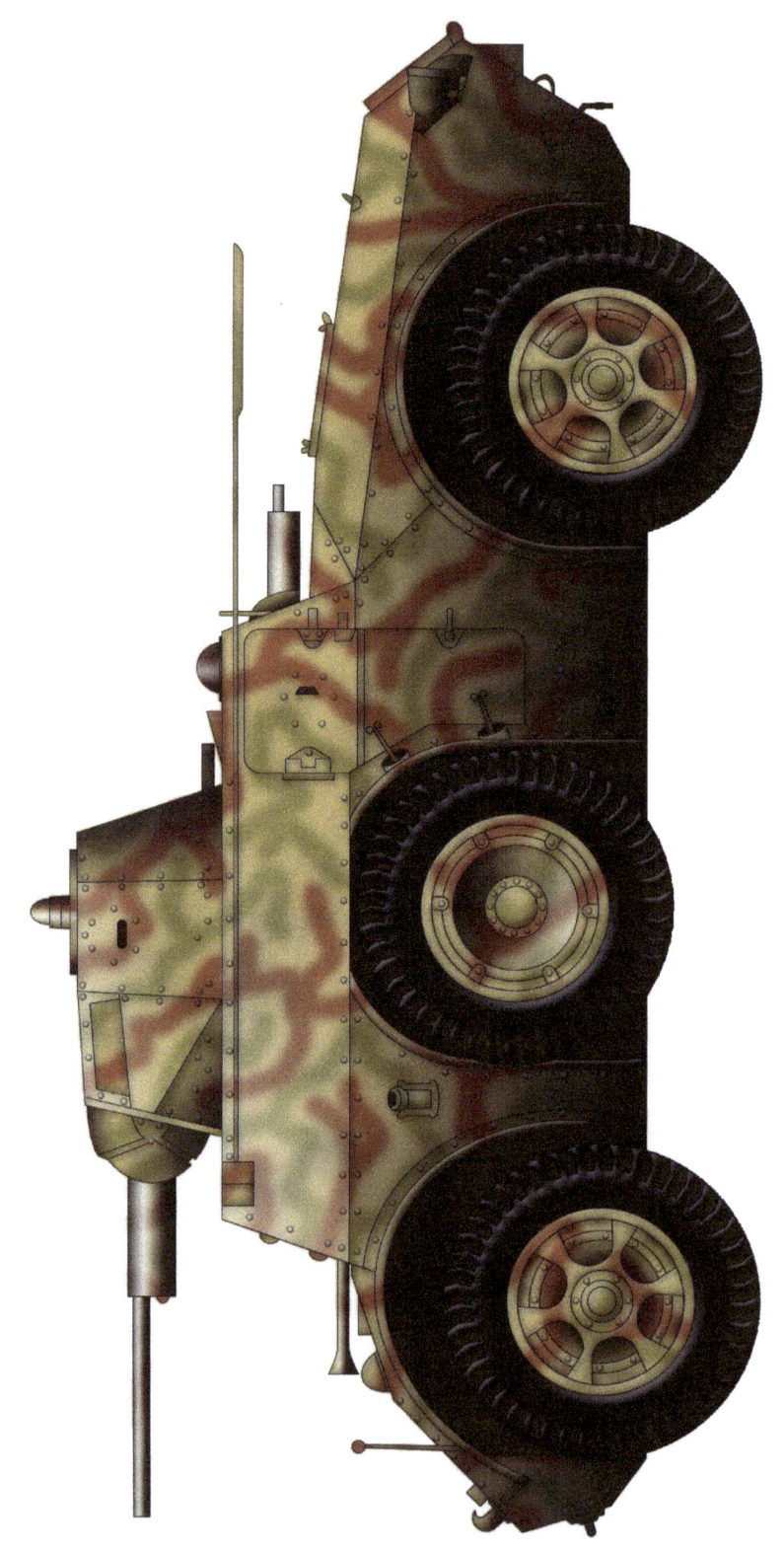

▲ Autoblindo AB41 del IV° Gruppo "Nizza" in servizio in Albania e balcani. Estae 1943.

IMPIEGO OPERATIVO

Le AB, per quanto dotate di una corazzatura leggera che le rendevano vulnerabili alla maggior parte delle armi, trovarono impiego nei reparti esploranti in tutti i fronti nei quali fu impegnato il Regio Esercito: Africa Settentrionale, dove nella variante AB 4, AOI, nei Balcani, Ungheria, in Francia in Russia e Italia. Nell'esercito italiano questi mezzi furono assegnati sostanzialmente alla cavalleria, alla Polizia Italiana dell'Africa (PAI) e alle unità dei Bersaglieri. I mezzi erano organizzati anche in battaglioni di ricognizione (o gruppi di cavalleria) di tre o quattro compagnie ciascuno. Ciascuna compagnia di auto blindate era composta da tre plotoni di auto blindate di quattro auto blindate ciascuno, un'auto blindata per il comandante della compagnia e un'auto blindata per il quartier generale della compagnia (quartier generale) per un totale di 42 o 56 AB 41 in totale. Ciascuna compagnia di autoblindo indipendente e completamente equipaggiata si è dimostro all'altezza dei compiti assegnati quali: ricognizione, scorta e sicurezza. I veicoli speciali su rotaia furono utilizzati principalmente nelle pattuglie antipartigiane nei Balcani.

GUERRA IN NORD AFRICA 1940-1943

Le prime blindo furono assegnate alla fine del 1941 alla RECAM (Raggruppamento Esplorante del Corpo d'Armata di Manovra) che venne equipaggiata con un plotone sperimentale di autoblindo del Gruppo Squadroni Corazzati "Nizza" a causa del numero molto limitato di mezzi assegnati ad essa, nel gennaio 1942 fu sciolta. al suo posto venne creato il RCAS (Raggruppamento Celere Africa Settentrionale) diviso in due gruppi, ognuno formato da uno squadrone di autoblindo con 24 AB41, un Gruppo Batterie da 65/17 Autoportate, un Gruppo Batterie da 75/27 Mod. 11 Autoportate, un Gruppo Batterie da 100/17 Autoportate e una Batteria Antiaerea da 20/65. Queste unità erano supportate da 2 battaglioni di fanteria e da reparti logistici. Non si sa bene se le autoblindo del reparto fossero di provenienza dal III Gruppo Esplorante corazzato 'Cavalleggeri di Monferrato del III Gruppo Corazzato 'Nizza'. È probabile che l'unità fosse equipaggiata con alcune autoblindo di questa unità o di altre.

Nel maggio 1942, nel Nord Africa si contavano complessivamente 93 autoblindo, assegnate a varie unità:
-Il III Gruppo Corazzato "Nizza", con una forza organica teorica di 47 autoblinde, ma dotata di 38 mezzi;
-l'VIII Reggimento Bersaglieri Corazzato, anch'esso con una forza organica teorica di 47 autoblindo;
-La 3ª Compagnia della Polizia dell'Africa Italiana, con un organico teorico di 10;
Successivamente Il III Gruppo Esplorante Corazzato (GECo) 'Cavalleggeri di Monferrato', assegnato alla 131ª Divisione Corazzata "Centauro" prese parte all'occupazione dell'Oasi di Jalo in Cirenaica, in Libia, e poi dell'Oasi di Siwa in Egitto, insieme alla 136ª Divisione Corazzata 'Giovani Fascisti'. Dopo la sconfitta delle truppe dell'Asse nella Seconda Battaglia di El Alamein, il III Gruppo Esplorante corazzato "Cavalleggeri di Monferrato" combatté nel sud della Tunisia contro unità corazzate alleate.

Sebbene fosse solo un'unità di ricognizione, dopo la fine del 1942 fu utilizzata per contrastare gli attacchi del British Long Range Desert Group (LRDG). Riuscì in una occasione a catturare il comandante del celebre reparto britannico, il tenente colonnello David Stirling, il 20 gennaio 1943, vicino ad Al Hāmmah una oasi nel sud della Tunisia. Durante la battaglia di Al Hāmmah, nel marzo 1943, partecipò attivamente alla ritirata dalla zona di Kebili, combattendo contro le forze francesi libere e le guardie inglesi.

Tutte le unità corazzate rimaste in Tunisia, compreso il III Gruppo Esplorante corazzato "Cavalleggeri di Monferrato", combatterono nella difesa di Capo Bon fino alla resa delle truppe dell'Asse in Tunisia, avvenuta il 13 maggio 1943.

Altro reparto che si fece onore in Africa e dotato di AB fu il Raggruppamento Esplorante Corazzato 'Cavalleggeri di Lodi'. Già destinato al fronte russo, per ordine dello Stato Maggiore del Regio Esercito, il 19 settembre, la destinazione fu spostata in Nord Africa, al XX Corpo d'Armata di Manovra, per la difesa del Sahara libico. Un ruolo fondamentale che le unità esplorative italiane svolsero in Libia e in Tunisia fu quello di contrastare le unità esplorative nemiche, in modo da interferire con la raccolta di informazioni nemiche. Le AB tornarono utili anche in funzione contraerea abbattendo un Lockheed P-38 Lightning, un Bristol Beaufighter e un quadrimotore americano. Anche due caccia americani furono abbattuti a Mezzauna da un plotone di cannoni antiaerei automatici da 20 mm e un plotone di autoblindo combatterono contro veicoli corazzati nemici nei pressi di Krechen.

Durante la Battaglia del Passo di Kasserine furono impegnate tutte le unità del Raggruppamento Esplorante Corazzato 'Cavalleggeri di Lodi', a partire dalle operazioni preliminari fino al termine dell'offensiva. In collaborazione con la 21. Divisione Panzer occuparono i passi Kralif, Rabeau e Faid, punto di partenza dell'attacco di Sidi Bou Zid. Segui poi l'inevitabile ritirata fino all'11 maggio 1943, quando dopo aver combattuto a nord-ovest di Boufichia, ciò che restava del RECo fu annientato in asprissimi combattimenti che provocarono la distruzione degli ultimi mezzi corazzati di artiglieria del reparto. Altri reparti italiani armati di AB attivi in Africa furono: III Gruppo corazzato 'Lancieri di Novara', il III Gruppo Corazzato 'Nizza' e il VIII Battaglione Bersaglieri Blindato Autonomo.

■ OPERAZIONE CONTINENTALI

In Francia fu attivo il 18° Reggimento Esplorante Corazzato Bersaglieri e il 10° Raggruppamento Celere Bersaglieri in Corsica che fu creato il 1° febbraio del 1942. Il 18° RECo Bersaglieri aveva a disposizione fra i vari reparti la 1ª Compagnia Autoblindo con 17 autoblindo AB41.

Il 3 gennaio 1943 il 18° RECo Bersaglieri fu assegnato alla 4ª Armata Italiana schierata in Provenza, con compiti di presidio nei pressi di Tolone, in vista di possibili sbarchi nemici. Il 25 luglio 1943 il reggimento tornò a Torino, ma la 1ª Compagnia Blindata, ribattezzata 7ª compagnia, andò a rinforzare il 10° Raggruppamento Celere Bersaglieri in Corsica. Lì veniva utilizzato per pattugliare le strade costiere della Corsica per prevenire attacchi partigiani e per monitorare il Mar Mediterraneo. Dopo l'armistizio dell'8 settembre 1943 la compagnia partecipò agli scontri contro la 16. SS-Panzergrenadier-Division "Reichsführer-SS". Dopo il 25 settembre 1943 le truppe francesi libere arrivarono sull'isola e si schierarono con gli italiani. Il 29 settembre iniziò ed ebbe successo l'offensiva franco-italiana contro i tedeschi. I tedeschi

▲ Due AB41 del 18° reggimento esplorante Corazzato Bersaglieri durante l'addestramento in Corsica. I veicoli avevano alcune taniche sul retro della torretta.

▲ Un membro dell'equipaggio del 18° Bersaglieri ripulisce una Breda Modello 1938 sulla torretta del suo AB41.

▼ Due AB41 del III Gruppo Esplorante Corazzato 'Cavalleggeri di Monferrato' in Nord Africa. I due veicoli non hanno stemmi.

▲ Due dei tre AB41 e l'Autoblindo TL37 assegnati al Raggruppamento Esplorante del Corpo d'Armata di Manovra a Sidi Rezegh nel novembre 1941. Visibile Il motto del Gruppo Squadroni Corazzati 'Nizza'. Archivio di Stato.

▲ Sopra e a lato: due immagini di carristi italiani di AB41 in Africa del nord dalla rivista dell'esercito: Cronache di Guerra del 1943. Molto ben visibile il supporto per la contraerea.

furono costretti a reimbarcarsi frettolosamente da Bastia per la terraferma. Entro il 5 ottobre tutti i tedeschi erano fuggiti o si erano arresi. I francesi confiscarono le armi pesanti alle unità italiane.

In Albania invece venne destinato un reggimento di cavalleria: il 'Lancieri di Firenze' creato il 1° febbraio 1942 ed assegnato alla 2ª Divisione celere 'Emanuele Filiberto Testa di Ferro'. Il 10 marzo 1942 l'unità fu inviata in Albania senza autoblindo ma dotata di cavalli. Le autoblindo furono trasferite nel luglio 1942 al Raggruppamento Esplorante Corazzato "Lancieri di Montebello".

Altri reparti operarono in Italia come il Il XL Battaglione Bersaglieri Corazzato utilizzato come reparto addestrativo dell'AB a Pinerolo. Ed ancora il Reggimento Motorizzato 'Cavalleggeri di Lucca' di stanza in Emilia e poi a Roma con compiti di ordine pubblico.

Ricordiamo infine il X Battaglione Esplorante Corazzato della 10ª Divisione di Fanteria Motorizzata 'Piave' che prese parte alla disperata difesa di Roma nel settembre 1943, difendendo la parte settentrionale della città. Altro reparto presente a Roma fu il Raggruppamento Esplorante Corazzato 'Lancieri di Montebello'.

▲ Egitto 1941, alcune AB41 sul fronte della Marmarica vicino a Sidi Barrani.

▲ Due AB41 del Raggruppamento Esplorante Corazzato 'Lancieri di Montebello' furono colpiti dai cannoni anticarro tedeschi da 4,2 cm. Da notare che gli equipaggi italiani preferivano attaccare i nemici con l'autoblindo all'indietro, per utilizzare il motore a protezione.

■ RUSSIA

L'unico reparto di cui si ha nota in Russia fu il Plotone autonomo autoblindo incorporato con la 156ª Divisione di Fanteria "Vicenza". Dotato di due soli autoblindo AB41 questi veicoli furono utilizzati insieme ad alcuni carri armati leggeri L6/40 e cannoni semoventi L40 47/32, ma probabilmente furono presto abbandonati a causa dell'usura meccanica.

■ GRECIA E BALCANI

12 autoblindo AB41 furono consegnate alla 9ª Compagnia Autoblindo Autonoma che fu assegnata alla 11ª Armata Italiana in Grecia, come la 8ª Compagnia Autoblindo Autonoma. Il 31 agosto 1943 fu sciolto e le 12 autoblinde con i relativi equipaggi furono assegnate al Comando Generale Regi Carabinieri, che comandava il Gruppo Autonomo Carabinieri dell'Egeo.

L' 8ª Compagnia Autoblindo Autonoma con 12 autoblindo AB41, fu creata nel giugno 1943. Doveva essere spedita in Montenegro ma, a causa della necessità di veicoli blindati per pattugliare e scortare i convogli in Grecia, l'unità fu infine consegnata alla 11ª Armata Italiana in Grecia.

Mentre nei Balcani alcuni AB41 furono consegnati a altre unità italiane. Due AB41 furono consegnati nel maggio 1942 alla Colonna Celere Confinaria 'M' della Prefettura di Fiume ed un AB41 alla Milizia Nazionale Portuaria. ma fu il IV Gruppo Corazzato "Nizza" la più grande unità equipaggiata con AB41 sul fronte jugoslavo. Faceva parte del Raggruppamento Celere. Fu impiegato in operazioni contro-partigiane e come scorta alle colonne. Dopo l'Armistizio del settembre 1943, ebbero sanguinosi scontri contro i tedeschi, in particolare a Burreli e Kruya. Dopo la battaglia il IV Gruppo Corazzato 'Nizza' si disperse. Molti ufficiali e soldati tornarono in Italia, raggiungendo la patria con mezzi di fortuna. Come già ricordato un totale di 20 AB40 e AB41 nella versione "Ferroviaria" furono schierati in Jugoslavia per prevenire il sabotaggio partigiano delle linee ferroviarie nei Balcani.

AUTOBLINDO AB41 TIRANA, ALBANIA 1943

▲ Autoblindo AB41 sempre appartenente al Gruppo Corazzato "Nizza" di stanza a Tirana, Albania, fino all'armistizio dell'8 settembre 1943. Dotato di una curiosa mimetica, questo mezzo riporta anche lo stemma del reparto.

▲ Autoblindo AB41 del Regio Esercito, Reggimento corazzato "Cavalleggeri di Lodi", 1° squadrone, 2° plotone, Tunisia, primavera 1943.

PARTIGIANI E REPARTI COBELLIGERANTI

Alcuni rari AB41 sopravvissuti dell'Esercito Nazionale Repubblicano e della Guardia Nazionale Repubblicana furono catturati o distrutti nelle città di Milano e Torino il 25 aprile 1945. Dopo la resa tedesca e italiana, due o tre di loro parteciparono al corteo partigiano di Torino. Uno di questi fu invece utilizzato ed era quello appartenuto al Gruppo Squadroni Corazzati "San Giusto" ritrovato nel deposito di Mairano fu prelevato dai partigiani e riutilizzato contro la guarnigione tedesca a Cividale del Friuli il 28 aprile 1945. Partecipò anche ad un attacco contro la città di Udine il 30 aprile.

Dopo l'armistizio, nacque l'Esercito Cobelligerante Italiano sotto il comando alleato. Fra i suoi reparti Il IX Battaglione d'Assalto del Corpo Italiano di Liberazione o CIL ebbe in dotazione 3 autoblindo AB41 in servizio dal luglio 1944. Queste furono utilizzate per liberare alcune città della regione italiana delle Marche. Mentre Lo Squadrone 'F', composto da soldati italiani della 6a Divisione Corazzata britannica, fu equipaggiato dopo il marzo 1944 con un plotone AB41 formato su 4 autoblindo.

AB TEDESCHI

Dopo l'8 settembre 1943 i tedeschi occuparono tutte le catene di montaggio delle fabbriche dell'Italia centro-settentrionale e catturarono la maggior parte dei veicoli italiani rimasti. Furono requisite circa 200 autoblindo AB41, 20 furono catturate ancora in fabbrica e 23 furono prodotte per l'esercito tedesco, dove furono ribattezzate Panzerspähwagen AB41 201(i). Un piccolo numero di AB41 fu trasferito all'Esercito Nazionale Repubblicano, mentre i tedeschi di preferenza si tennero i pochi AB43 assai apprezzati dagli equipaggi tedeschi. Nel servizio tedesco, l'AB41 fu utilizzato dalle divisioni delle Waffen-SS, Luftwaffe, Wehrmacht e Todt Organization, prestando servizio in Francia, Germania, Italia e nei Balcani. Nei Balcani furono utilizzati nelle operazioni antipartigiane e per il pattugliamento degli aeroporti.

▲ AB41 al servizio tedesco dopo l'armistizio dell'otto settembre 1943. Presente sul fronte balcanico.

▲ Un AB41 con pneumatici da deserto in Albania, 1942. La necessità di arginare la minaccia dei partigiani di Tito era così pressante che molti AB furono dirottati in Jugoslavia invece di rimpiazzare le perdite in Nord Africa.

▼ Una torretta AB41 con contrappeso e portello posteriore aperto per il montaggio del cannone.

▲ Alcune AB41 durante una pattuglia alla ricerca di obiettivi nemici. Sulla fiancata del primo autoblindo era dipinto un uomo con il cappello da bersagliere. Sopra: colonna di AB41 italiani in Jugoslavia (Bundesarchiv).

AUTOBLINDO AB43 AL SERVIZIO TEDESCO, 1943

▲ Autoblindo AB43 catturatta dalle forze tedesche e richiamato Pz.Sp.Wg. AB43 203 (i).

▲ Sfilata di AB41 appartenenti a reparti della Polizia nel dopoguerra.

▼ Un AB del PAI con il vano motore aperto e il motore estratto e posizionato vicino al veicolo. Nord Africa, inverno 1942.

AUTOBLINDO AB43, NORD ITALIA 1943-1954

▲ Autoblindo AB43 modello restaurato da Fabio Temeroli, dotato del lungo cannone sperimentale.

▲ Esterni della Autoblindo AB43 esposta alla mostra di Militaria a Novegro. Foto dell'autore.

▲ Interni della Autoblindo AB43 esposta alla mostra di Militaria a Novegro. Foto dell'autore.

AUTOBLINDO AB43 VOLANTE "NELLO" ITALIA 1944

▲ Autoblindo AB43 senza torretta appartenente alla Volante "Nello" in Nord Italia.

AUTOBLINDO AB41 FRIULI, ITALIA, SETTEMBRE 1944

▲ Autoblindo AB41 SPA-Ansaldo Fossati, appartenente al Gruppo Squadroni Corazzati "San Giusto", Mariano del Friuli, settembre 1944.

MIMETICHE E SEGNI DISTINTIVI

I colori di fondo delle Autoblindo, dalla loro creazione fino al 1945, (fra parentesi è indicato il periodo operativo di tale uso) utilizzati peraltro anche per tutti i mezzi corazzati erano: grigio verde R.E. (1936-1945), cioccolato scuro (1936-1941), bruno rossiccio (1936-1943), ocra (per prototipi), sabbia (1941-1945), sabbia scuro (1943-1945), grigio scuro (1941-1943). Per la mimetica venivano usati: verde medio (1936-1943) e rosso scuro (per prototipi).

Territorio nazionale 1936-1940 - sostanziale prevalenza di grigio verde.
Occupazione dell'Albania e fronte francese 1939-1940 - grigioverde.
Campagna di Grecia e Jugoslavia 1940-1941 - grigioverde eventualmente mimetizzato con macchioline verdi e color sabbia.
Africa Orientale 1940-1941 - grigio verde o nella vecchia mimetica della campagna d'Etiopia bruno rossiccio a macchie verdi.
Africa Settentrionale 1940-1943 - all'inizio solo grigio verde, colora con il quale venivano generalmente sbarcati ai porti di destinazione, poi colore sabbia in varie versioni variegate. Non utilizzati nella Campagna di Russia 1941-1943.
RSI 1943-1945 grigioverde, colore giallo sabbia scuro, colore bruno rossiccio con macchiettature verde medio fitte, in colore uniforme panzer grey tedesco. In particolare erano colore sabbia scuro i carri del "Leonessa" e, in parte anche del "Leoncello" e del "San Giusto". Segnalo anche la presenza di mimetiche elaborate a scacchiere irregolari di fondo giallo sabbia e spezzoni verdi e marroni.
Corpi di Polizia fino al 1952 colore di fondo rosso mattone scuro.
Mimetiche specifiche autoblindo: i prototipi erano dipinti in fabbrica con una livrea cosiddetta "imperiale" che consisteva in una serie di striature relativamente sottili di colore verde scuro e marrone scuro applicate su di un fondo di kaki sahariano chiaro detto color sabbia in Italia. Questa livrea non venne mai adottata per gli esemplari di produzione, che venivano invece verniciati con una tonalità di kaki sahariano leggermente più chiara di quello utilizzato per i mezzi corazzati. Se destinati all'Africa i mezzi sembrano essere rimasti nella loro colorazione o riverniciati una volta giunti a destinazione con colori similari, mentre nei mezzi per uso continentale spesso portavano schemi mimetici applicati in fabbrica o di circostanza. Le ultime AB 41 e gran parte delle AB 43 uscirono invece di fabbrica con una livrea mimetica a tre toni alquanto complessa che prevedeva delle macchie verdi e marrone rossiccio inframezzate da striature color sabbia.

DISTINTIVI CARRI MEDI, LEGGERI E AUTOBLINDO

Per riconoscere i singoli mezzi corazzati nelle operazioni militari, anche per l'Italia, si rese necessario introdurre un sistema di identificazione, anche perché almeno all'inizio non vi erano carri con apparati radio installati. Le radio, infatti, iniziarono ad essere installate con una certa regolarità solamente a partire dal 1941. All'inizio, per comunicare, si usavano bandierine con drappo rosso o bianco.

La prima tabella di contrassegni distintivi dei carri risale al 1925 ed era molto complessa e articolata sino all'eccesso. I gruppi numerici furono introdotti solo nel 1927 dopo la costituzione del Reggimento Carri, nel 1928 vennero poi emanate nuove disposizioni. Nel 1940 iniziarono finalmente le prime consegne dei Carri M13/40, che vennero distribuiti ai vari reparti corazzati.

Le autoblindo, come già era accaduto per i carri Medi o Leggeri, portavano i simboli individuati da contrassegni, nomi e numeri posti ai lati dello scafo su entrambi i lati. I numeri erano dipinti frontalmente sulla piastra dello scafo e su entrambe le fiancate.

Nel 1938, per semplificarne il riconoscimento, venne fatta un'ulteriore modifica, stavolta radicale: furono stabiliti i nuovi simboli tattici per i carri. Sistema che seguirono quindi anche le autoblindo nate qualche anno dopo. Le compagnie dei mezzi erano rappresentate da dei rettangoli colorati nel seguente modo:

La prima compagnia aveva il colore rosso, la 2ª l'azzurro, la 3ª il giallo, la 4ª il verde; il colore bianco era riservato ai mezzi comando reggimentale. l segni distintivi dei carri armati ed autoblindo dovevano avere dimensioni di cm 20 x 12 ed essere dipinti in vernice del colore della compagnia.

I rettangoli colorati erano tagliati da barre bianche (da 1 a 4 righe e una diagonale per il 5° plotone) ed indicavano i diversi plotoni, di colore intero e senza righe per i carri Comando di Compagnia.

I rettangoli dei vari plotoni erano sormontati da un numero arabo (del colore della compagnia) indicativo del carro nella formazione organica del plotone.

Tali numeri dovevano avere le dimensioni di 10 cm di altezza e 1,5 cm di spessore, e posti al centro del lato superiore del rettangolo a 2 cm di distanza. Sotto al rettangolo era invece posto in numero romano bianco il numero del battaglione di appartenenza. I carri di battaglione, se di riserva a livello di Reggimento riportavano, invece, il solo numero arabo relativo. I carri dello squadrone comando battaglione avevano un rettangolo completamente nero. Il carro comando di battaglione su due compagnie l'aveva metà rosso e metà azzurro (a destra). Il carro comando di battaglione su tre compagnie l'aveva su tre righe colorate da sinistra a destra: rosso, azzurro e giallo. Nello specifico dei carri medi, il segno distintivo venne posto sulla torretta nella parte medio-alta anteriore. Posteriormente, nella parte centrale della torretta. Su alcuni carri il rettangolo venne posto all'altezza del portellone di accesso alla camera di combattimento. Sullo stesso portellone appariva spesso anche il segno distintivo della Divisione come ad esempio un ariete nero. I carri medi usati dalla Repubblica Sociale Italiana mostravano dipinti i segni distintivi dei vari reparti: il "Leoncello" era raffigurato da un leone nero che stringeva un fascio littorio guardante a sinistra su fondo bianco. Il "Leonessa" aveva un segno distintivo un poco più complicato formato dalla M rossa di Mussolini, tagliata da un fascio di colore nero e sotto la scritta sempre in nero "GNR".

I mezzi utilizzati dai tedeschi, soprattutto quelli catturati, e quelli nuovi ordinati, dopo l'armistizio del 1943 recavano le indicazioni tipiche dell'esercito tedesco a partire dalla *ritterkreuz* bianca e nera nelle sue diverse fogge.

Specificatamente per le Autoblindo sul regolamento nr. 4640 si riportava che:
- Il segno distintivo dovesse essere apposto in torretta, al centro di figura della lamiera posteriore e lateralmente – a destra ed a sinistra - al centro di figura delle lamiere adiacenti la lamiera anteriore;
- I numeri romano ed arabo indicativi del Gr. Sqd (o Btg.) e del Rgt. Dovessero essere apposti sul lato destro della lamiera posteriore della cabina di combattimento, al centro di figura della superficie, rispettivamente a destra ed a sinistra, della mitragliatrice in ritirata.

Nonostante tale regolamento prescrivesse come: "Altri distintivi (nominativo, gruppo numerico, ecc.) all'esterno dei carri, oltre a quelli tassativamente prescritti da disposizioni regolamentari siano vietati".

In realtà le cose andarono diversamente, e nei fatti si adottarono libere interpretazioni dei regolamenti. Tali distintivi erano comunque portati sulle fiancate della sovrastruttura ed anteriormente sul parafango.

In Africa tali segni distintivi erano spesso riportati di maggiori dimensioni per garantire una maggiore visibilità. Inoltre, come già per i carri, sempre in Africa, a partire dal 1941 divenne obbligatoria l'adozione di dispositivi per il riconoscimento aereo che per l'AB, che era l'usuale cerchio bianco del diametro di 70 cm. dipinto esternamente sul cielo della torretta.

Prima di questo accorgimento, come ben indicato in alcune immagini relative a blindo di "Nizza" ed altri mezzi italiani incorsero erroneamente in attacchi dei nostri aerei e bombardieri o dell'asse in generale. In un primo tempo si ricorse a bandierone tricolori enormi colorate sui mezzi di fronte e sui lati per passare poi al citato cerchio bianco.

▲ Sostituzione di un pneumatico 'Artiglio' di un AB41 del IV Gruppo Corazzato 'Nizza' di stanza a Tirana, Albania. Foto scattata prima dell'Armistizio. Fonte piciuki.com

AUTOBLINDO AB41, USO TEDESCO 1944

▲ Autoblindo AB41 riutilizzato dalla Wehrmacht, e precisamente dalla 162ª Divisione di fanteria, Italia, luglio 1944.

▲▼ AB41 in dotazione a reparti della RSI, Gruppo Corazzato "Leonessa (archivio Borgatti) e sotto del Battaglione "IX Settembre" (archivio Viziano)

AUTOBLINDO AB41, RSI ITALIA, APRILE 1945

▲ Autoblindo AB41 appartenente al battaglione XI Settembre, RSI, Italia, aprile 1945.

PRODUZIONE ED ESPORTAZIONE

Molte aziende italiane presero parte all'ambizioso progetto e alla produzione delle autoblindo serie autoblindo 'AB':
- La SPA (Società Piemontese Automobili di Torino) produceva i telai ed i motori;
- La Lancia di Torino produceva pure una piccola percentuale di telai;
- La San Giorgio di Sestri Ponente vicino a Genova produsse tutti i dispositivi ottici dell'autoblindo;
- La milanese Magneti Marelli di fece carico della realizzazione dell'impianto radio, delle batterie e dell'avviamento del motore;
- Le piastre dell'armatura furono prodotte dalla Società Italiana Acciaierie Cornigliano o SIAC;
- La Società Italiana Ernesto Breda per Costruzioni Meccaniche di Brescia forni l'armamento, vale a dire i cannoni automatici e le mitragliatrici;
- All'Ansaldo-Fossati di Sestri-Ponente assemblarono lo scafo e produssero le torrette.

In complesso ne vennero realizzate oltre 700 esemplari di tutte le tipologie. Nei dieci mesi del 1941 durante i quali venne prodotto l'AB41, il più prodotto dei modelli, ne furono consegnate all'esercito 250, invece dei 300 assicurati. per la precisone fra telai e sovrastrutture circa 270.

L'anno successivo, il 1942, furono consegnate all'esercito 302 autoblindo AB41, anch'esse con una produzione media mensile di 25 autoblindo. Nel 1943, a causa di vari problemi, tra gennaio e luglio ne furono consegnati all'esercito solo 72 e furono anche le ultime. Sotto il Generalinspekteur der Panzertruppen tedesco, dopo l'armistizio firmato dagli italiani con gli alleati nell'inverno del 1943, la produzione fu ripresa dopo le valutazioni positive da parte tedesca per la Wehrmacht e raggiunse un totale di 23 AB41 prodotti fino al dicembre 1944.

Maggiori utilizzatori

Italia: come sempre l'utilizzatore principale fu il paese di origine del mezzo. il numero delle commesse e delle forniture avvenute è stato già indicato.
Operative soprattutto nel teatro nordafricano e nei Balcani, nelle varie versioni. Meno la versione particolare, detta Ferroviaria, che venne utilizzata prevalentemente nei Balcani assieme con i treni armati del Regio Esercito in attività anti-partigiane.
L'ultimo impiego da parte del REI avvenne durante la battaglia per la conquista tedesca di Roma, con alcuni esemplari schierati a difesa della capitale dai militari italiani. I mezzi furono quasi distrutti in combattimento alla Montagnola sulla via Laurentina dai paracadutisti tedeschi il 10 settembre 1943.

Germania: come accaduto per tutte le armi italiane cadute in mani tedesche al seguito dell'armistizio del settembre 1943, e successivo collasso e resa dei reparti alle forze armate tedesche, anche molte AB vennero a far parte della loro dotazione. Non solo, nel 1944 i tedeschi, che occupavano le industrie del nord, ne riavviarono la produzione adottando il mezzo con la nuova denominazione PzSpWg AB43 203(i) assegnando poi i nuovi mezzi ai reparti della Wehrmacht impegnati nella lotta antipartigiana. Probabilmente anche per questi compiti di seconda linea, l'armamento fu ridotto alla solita Breda da 20 mm ma stavolta in una torretta leggermente più bassa. Un ulteriore modello prodotto per le forze tedesche era dotato di cannone da 50mm (per adattarlo al munizionamento tedesco) e carrozzeria scoperta.

Italia RSI: La Wehrmacht si fece caricare di fornire di alcune autoblindo le formazioni della Repubblica di salò, specialmente in chiave antiguerriglia.

Italia Repubblica: Nel dopoguerra le poche unità sopravvissute furono assegnate ai reparti celeri della Polizia di Stato, rimanendo in dotazione fino ai primi anni '50.

AUTOBLINDO AB41 SERVIZIO POLIZIA, ITALIA 1951

▲ Autoblindo AB41 in servizio ai reparti celeri della polizia di stato. Nella tipica colorazione rosso mattone scuro. Repubblica italiana 1951

SCHEDA TECNICA AB40/41/43	
Dimensioni	5,2 x 1,92 larghezza x 2,48 altezza in m
Peso	6,85 tonnellate
Equipaggio	Quattro
Motore	SPA ABM a 6 cilindri in linea, a benzina.
Velocità massima su strada	76 chilometri all'ora. 38km fuori strada
Autonomia	400 km AB40/41 e 350 km AB43
Sospensioni	indipendenti a quattroruote sterzanti
Armamento	-Due mitragliatrici Breda Mod. 38 da 8 mm binate (AB40). -Cannone Breda 20/65 Mod. 1935 da 20 mm (AB41). - Cannone 47/32 Mod. 1935 da 47 mm (AB43)
Armamento secondario	-Mitragliatrice Breda Mod. 38 da 8 mm in casamatta (tutti i modelli), -Mitragliatrice Breda Mod. 38 da 8 mm coassiale in torretta (AB41 ed AB43)
Data impostazione	1938, 1941 e 1943
Produzione	AB40: 24, AB41: 600, AB43: 70
Utilizzatori	Italia REI, Italia RSI, Germania, Italia post WWII

▲ Tre immagini di AB41 operativi in Africa settentrionale. Archivio di Stato.

BIBLIOGRAFIA

- Nicola Pignato, *Storia dei mezzi corazzati,* Fratelli Fabbri editori, 1976, pp. 81-88.
- A.Bruschi, M.Biava, *Autoblindo AB41 e AB43.* Auriga Publishing 2005
- Bruno Benvenuti e Ugo F. Colonna - *L'armamento italiano nella seconda guerra mondiale Carri armati in servizio fra le due guerre 1* - Edizioni Bizzarri, Roma 1972
- Maurizio Parri, *Tracce di cingolo - compendio di generale di storia dei carristi 1919-2009,* Assocarri, 2009
- Filippo Cappellano, *Autoblindo AB 40, 41 e 43. Tecnica e storia dei più celebri blindati ruotati italiani della seconda guerra mondiale.* Albertelli 2011
- Filippo Cappellano, *Gli autoveicoli da combattimento dell'Esercito Italiano, vol.1,* Ufficio Storico dello Stato Maggiore dell'Esercito, Roma 2002.
- N.Pignato e F. D'Inzeo, *Le autoblindo AB40, 41 e 43.* Gli appunti di Modellismo più
- S.M.R.E. - *"Nozioni di armi, tiro e materiali vari",* Edizioni Le "Forze Armate", Roma, 1942.
- N. Pignato, *"I mezzi blindo-corazzati italiani 1923-1943",* Albertelli Edizioni Speciali, Parma, 2004.
- Ralph E Jones, George H Rarey, Robert J. Icks: *The fighting Tanks since 1916.*
- John Joseph Timothy Sweet, Iron Arm: *The Mechanization of Mussolini's Army, 1920-1940,* Stackpole Books, 2007
- Emiliano Ciaralli *Le Forze Armate, 1935* – Colonel Pederzini, *Italian Tanks 1917-1945.*
- Nico Sgarlato *Corazzati Italiani 1939-1945,* War Set n°10, 2006.
- David Vannucci, *Corazzati e blindati italiani dalle origini allo scoppio della seconda guerra mondiale,* Editrice Innocenti, 2003.
- Daniele Guglielmi, *Autoblindo AB 41 & AB 43 Italian Armored Cars (Armor PhotoGallery, Volume 8).* Model Centrum Progres (January 1, 2004)
- Daniele Guglielmi & David Zambon, *Les véhicules blindés italiens 1910/43 (1ère partie),* Batailles & Blindés n°24, 2008.
- Lucio Ceva & Andrea Curami, *La meccanizzazione dell'esercito dalle origini al 1943,* Tomo II, USSME, 1994
- Ugo Barlozzetti & Alberto Pirella *Mezzi dell'Esercito Italiano 1935-45,* Editoriale Olimpia, 1986
- Ralph Riccio, Marcello Calzolari e Nicola Pignato, *Italian Tanks and Combat Vehicles of World War II,* Roadrunner Mattioli, 2010
- Alberto Pirella, *Autoblindo dell'asse: autoblindo italo-tedesche 1920 - 1945,* Ciarrapico 1977
- Paolo Crippa e Carlo Cucut *I reparti corazzati italiani nei Balcani,* Soldiershop 2019.
- Paolo Crippa. *I reparti corazzati del R.E. E l'armistizio 1° Volume,* Soldiershop 2021.
- Paolo Crippa. *I reparti corazzati del R.E. E l'armistizio 2° Volume,* Soldiershop 2021.

TITOLI PUBBLICATI

TWE-027 IT

www.ingramcontent.com/pod-product-compliance
Lightning Source LLC
LaVergne TN
LVHW072120060526
838201LV00068B/4930